AF336213

QUELQUES CONSIDÉRATIONS

SUR

L'ÉTAT DE LA FRANCE,

EN 1834.

MORTAGNE (ORNE),

1834.

IMPRIMERIE DE GLAÇON, A MORTAGNE (ORNE).

Dans le cours des Révolutions, rien de plus commun que de voir les Gouvernemens qui en sortent, se censurer successivement, et toujours avec une rigueur extrême.

Sera-ce donc sur ces vaines déclamations qu'ils devront être jugés ? assurément non: ils ne le seront que sur leurs actes.

Mieux ne vaudrait-il pas alors être modeste, et ne s'occuper que de bien faire !

La Restauration qui a eu tant de Ministères différens, et qui a revêtu autant de formes diverses, mérite-t-elle sous toutes, les reproches dont on se plait à l'accabler ?

Mais poser cette question, c'est déjà outrager le pays, car combien y compterait-on, même en les prenant dans son nouveau Gouvernement, d'hommes éminens qui, depuis 1814 jusqu'à 1830, soient restés complettement étrangers à ce qui s'y est passé ?

Il me sera donc permis, j'espère, de faire une excursion en 1827, époque à laquelle nous avions certainement ce qu'on demande aujourd'hui : *l'ordre par la liberté; la liberté par le progrés, et la sécurité au dedans, par le respect que nous inspirons au dehors.*

« Tout est simple, tout est facile, dit M. Michaud
» dans sa correspondance d'Orient, aux 1ers jours
» d'une révolution ; mais à mesure qu'on avance, tout
» se complique et devient obstacle, problême et
» contrariété. La grande difficulté pour tous ceux qui
» font des révolutions, c'est de les conduire. Elles
» ressemblent, ajoute-t-il, à nos aréostates qu'un feu
» de gaz inflammable suffit pour lancer dans les nues,
» mais qui montés brusquement au plus haut du ciel
» y deviennent le jouet des vents, parceque le génie
» de l'homme n'a point trouvé le secret de le
» diriger. »

Je le demande aux hommes de bonne foi, ne pa-
raissons-nous pas à la veille de fournir de nouveau les

preuves que cette comparaison n'est pas moins vraie
qu'ingénieuse ?

En effet, que faisons-nous ? où allons-nous ? la Restauration est dit-on tombée parce qu'elle n'a pas su
comprendre les besoins de notre époque.

Soit, mais depuis 1830 quels sont donc les besoins
qui aient été compris et satisfaits ?

Elle était rétrograde : soit encore ; mais pour avoir
le droit de lui adresser ce reproche, sommes-nous
donc aujourd'hui dans des voies de progrès et de
liberté ?

Hélas! les traces encore fumantes du sang dont nos
plus nobles cités viennent d'être inondées, et les
débris qui y sont épars de leurs monumens, ne nous
permettent plus d'illusions. Nous retournons à la
barbarie.

Pour juger les pas que nous avons déjà faits dans
cette direction, il ne faut que considérer le point où
nous étions parvenus.

On conçoit qu'il ne peut être ici question des der-
niers actes de la Restauration, car de ces actes datent
au contraire tous nos malheurs.

Et toutefois, dans le cours de sa durée, que sont-
ils autre chose qu'une anomalie choquante, un dé-
plorable accident ?

« Mon frère est impatient de dévorer mon règne,
» disait Louis XVIII, mais qu'il se souvienne que le
» sol tremblera sous lui s'il ne change pas. »

N'est-il pas évident que la violence ne pouvait convenir à la légitimité, puissance essentiellement morale?

Ces momens d'égarement et de vertige n'étant point dans le cours naturel des choses, ne pourraient conséquemment nous offrir de terme pour le rapprochement que nous voulons faire; force nous sera de remonter plus haut.

Ce que c'est cependant que d'entrer franchement dans les conséquences du principe de son Gouvernement!

À peine eûmes-nous obtenu du mouvement propre au nôtre, une administration qui d'ailleurs parut comprendre la mission de loyauté que lui imposaient les circonstances, qu'il sembla, tant elles nous devinrent sur-le-champ familières, que nous n'eussions jamais connus que les traditions et les habitudes d'un peuple libre.

Qui, à cette époque de confiance et de sécurité, eût imaginé de chercher la liberté hors de l'ordre? qui surtout eût pu concevoir, ayant à sa disposition tous les moyens possibles de publicité, l'épouvantable pensée d'imposer ses doctrines par le meurtre, et d'en prouver l'excellence par l'assassinat?

Quelques soient les explications qu'on en donne, toujours est-il que des violences d'une telle nature, vengées dit-on par d'horribles représailles, ne sont heureusement plus de nôtre siècle.

La perturbation qu'elles annonçaient dans nos

mœurs fut si subite, que tout le monde en fut frappé, et que les personnes particulièrement dévouées au Gouvernement nouveau, s'en montrèrent surtout, il faut leur rendre cette justice, singulièrement affectées.

« J'ai soif plusque personne, dit le général » JACMINOT, de repos et de liberté, car il y a 4 ans » que nous en sommes privés. » « Depuis 4 ans, » s'écrie un Journal du pouvoir, Paris a été dix fois » bouleversé par l'émeute, son commerce inter- » rompu; la vie des habitans compromise, et Lyon » deux fois ravagé par l'anarchie révolutionnaire, ou » triomphante ou vaincue, et en attribuant avec » raison de si déplorables calamités à l'absence de » toute autorité morale. Un autre organe du Gou- » vernement (*le Journal des Débats*) en fait » encore un tableau plus effrayant, des peintures » encore plus sombres. »

Les uns accusent les discours incendiaires pro- noncés à la tribune; les autres la mauvaise presse; le Constitutionnel; cette classe d'enfans connue à Paris sous le nom de *Gamins*; et tous ensemble les associations.

Mais n'y avait-il sous le Ministère Martignac, qui nous offrira nos points de comparaison, ni tribune imprudente, ni jeunesse hostile, ni presse séditieuse, ni associations coupables ?

Aujourd'hui que les répressions même de l'Empire

nous paraissent insuffisantes, que penserait-on d'un Gouvernement qui, en présence d'agens si puissans de dissolution, ne s'occuperait que du soin d'étendre le cercle de nos libertés?

On le regarderait à coup-sûr comme insensé, et c'est cependant ce qui fut fait alors, et nous nous en rappellons, avec beaucoup de succès.

Il ne pouvait en être autrement, car en agissant ainsi, le Gouvernement donna alors la preuve qu'il avait admirablement compris et l'opinion et les vœux du pays.

Le fait est que nos divisions, entretenues seulement par quelques ambitions personnelles ne reposaient sur aucun fondement réel.

Nous avons vu depuis 1830 les Libéraux défendre le pouvoir, comme nous venions alors de voir les Royalistes défendre les libertés. Que pouvaient donc alors signifier ces dénominations de parti?

Cela étant, quoi de plus naturel que d'appeler à soi et les uns et les autres, en se plaçant franchement sur le terrain de la Charte, et pour cela il ne fallait qu'en résumer fidèlement les conséquences en propositions législatives.

Une fois ces gages de loyauté donnés, pouvait-on raisonnablement craindre qu'un appel fait sans distinction d'opinions à tous les gens de biens ne fût pas entendu?

Reportons - nous à cette heureuse époque,

et nous verrons que les séductions étaient trop puissantes.

Nous avions des finances prospères; un crédit assuré; une expédition (celle de *Grèce*) entreprise malgré l'Europe, venait de prouver que quand il s'agissait de réaliser quelque noble pensée, nous savions parler haut, et ne prendre conseil que de notre générosité.

Pour recouvrer ce que la fortune nous avait fait perdre, il ne nous manquait que de paraître unis, et ne formant qu'une seule et même famille. Qui eût pu refuser de s'associer à une politique élevée qui allait nous assurer le bienfait de cet inappréciable avantage?

Dans nos rangs, nous eussions certainement vu figurer l'un des premiers cet illustre CASIMIR-PERRIER, qui depuis a osé refouler le torrent révolutionnaire par la puissance seule de son énergique volonté.

Honorée soit à jamais sa mémoire! Que fussions-nous devenus si, au prix de sa vie, il ne nous eût ramenés aux habitudes des Gouvernemens réguliers?

Toutes fois, que les bonnes traditions se perdent vite!

Dans la séance du 12 mai dernier, M. THIERS disait : « que le Ministère cherchait à résoudre le » problème, jusqu'ici insoluble, d'un Gouvernement » au milieu des orages, sans lois d'exceptions et sans » violence. »

Que l'enivrement et les préoccupations du pouvoir sont étranges!

Sans violences : et cette terreur qui assiège encore plusieurs de nos provinces et nos plus grandes cités ; et cette tentative de nous rendre par l'état de siège justiciables des tribunaux militaires ; et ces exactions si nombreuses dont on n'a point encore pu obtenir justice ; et ces meurtres vainement dénoncés par tous les journaux à la vindicte publique ; et ce système de perquisitions judiciaires, de violations de domiciles, d'atteintes à la liberté individuelle, appuyé par une occupation militaire de trois cent soixante mille hommes ; sont-ce donc là les actes qui puissent autoriser un semblable langage?

Quant à des lois d'exception : ne nous sera-t-il donc pas permis de considérer comme telles ces prodigalités annuellement votées, et qui ont déjà ajouté au fardeau de notre dette publique l'énorme charge d'un milliard.

Mais qui ne voit qu'une épouvantable catastrophe ne doive être le terme prochain de ces extravagantes profusions?

Comment qualifier encore les dernières lois qui ont été rendues ?

Si depuis 1830 sutout, la liberté est le principe, le droit commun, la restriction n'est-elle pas l'exception? si nous y joignons la perpétuité, la loi dégénère en tyrannie.

Avec son horreur du désordre, sa soif de justice et de légalité, Casimir-Perrier, nous n'en doutons pas, eut conservé le droit de prononcer ces paroles superbes. Mais à peine était consommé le sacrifice qu'il avait si généreusement fait de sa vie, que déjà ses exemples étaient mis tous en oubli.

Cependant que maintenant où nous voici (pour me servir du style figuré de M. Michaud) parvenus au plus haut du ciel, y deviendrons-nous, comme nous l'avons été si longtemps déjà, le jouet des vents et des orages? Nous ne devrions pas le craindre, et si le secret de nous diriger ne nous a point été révélé, du moins pourrions-nous profiter d'expériences nombreuses et funestes. Il n'appartient qu'à la Providence, nous le savons, de fixer le point où il nous sera, en dernier lieu, permis d'aborder, mais que jusques-là nos souvenirs nous apprennent à éviter des écueils contre lesquels nous nous sommes déjà tant de fois brisés.

Ensuite, comment pourraient ignorer encore les dispositions du pouvoir eux mêmes qu'on ne le conserve qu'en raison de l'usage qu'on sait en faire.

« La force, dit Benjamin-Constant (*de l'Usurpa-*
» *tion, pages*   ) rend la force de plus en plus
« nécessaire. La colère s'accroît par la colère.
» Les lois se forgent comme des armes, et les Codes
» deviennent des déclarations de guerre, etc. »

« Sans doute, ajoute-t-il plus loin, il y a pour les

» sociétés politiques des momens de dangers que
» toute la prudence humaine a peine à conjurer ;
» mais ce n'est pas par la violence, par la suppres-
» sion de la justice que les dangers s'évitent ; c'est
» au contraire en adhérant plus scrupuleusement que
» jamais aux lois établies, aux formes tutélaires, aux
» garanties préservatrices, etc. »

On parle d'autorité morale ! mais, bon Dieu ! quelles autorités de ce genre peuvent nous donner des lois qui restreignent les libertés auxquelles la Restauration n'a jamais songé à mettre d'entraves, et dont le principe était respecté jusques sous l'Empire ?

Si nous voulons de l'autorité morale, il faut changer d'erremens et laisser là les violences. Entrons franchement dans des voies larges et nationales. Témoignons, comme le Ministère Martignac, une entière confiance au pays, nous aurons bientôt déjoués et les congrégations et les associations politiques, et les sociétés secrètes, et tous les petits artifices au moyen desquels on essaie de substituer des intérêts de secte aux intérêts généraux, et d'exploiter la crédulité des simples au profit des habiles.

Sachons en un mot nous conformer aux temps. Ne voyons-nous pas en effet, par les alliances même qu'ils forment, que les partis sont en pleine dissolution. Leurs exagérations les tuent. Comment pourrions-nous en douter, quand nous entendons un membre de l'opposition (M. Pagès de l'Arriège) s'exprimer ainsi (Séance du 13 mai 1834) :

« Une ambition impie peut seule semer la discorde
» parmi les Français. » — « Pour moi, je déclare que
» les hommes qui veulent les principes de 89, la
» Charte de 1814, celle de 1830, ne forment qu'un
» seul et même homme politique. Si quelques senti-
» mens les éloignent, si les uns vont sur les cercueils
» du Panthéon évoquer le Génie de Mirabeau, si les
» autres descendent dans les tombeaux de Saint-
» Denis, interroger la Charte conciliatrice de
» Louis XVIII, si les autres portent dans la Presse,
» à la Tribune, aux Tuilleries un cœur pur et des
» mains nettes, qu'importe? le même principe les
» ramène, les rallie. Ce qu'ils veulent, ils peuvent
» hautement l'avouer; ils ne craignent ni le présent
» ni l'avenir. Ce qu'ils veulent, c'est une société
» morale, mue par un sentiment religieux, un état
» social, protecteur de la propriété et du travail,
» des droits pour tous, des lois égales pour tous,
» l'abolition de quelques impôts, une meilleure
» répartition des autres, l'ordre par la liberté, la
» liberté par le progrès, et la sécurité au dedans
» par le respect que la France doit inspirer au
» dehors. »

« Je sais, continue M. Pagès, qu'on peut encore
» envenimer ces paroles, et toutefois j'irai plus loin;
» voici où s'arrêtent mes simpathies: l'absolutisme
» royal qui s'applaudit des Ordonnances fatales; le
» despotisme populaire qui galvanise le Cadavre
» de 1793. Ici encore ce sont les actes que je ré-
» prouve. Je n'ai pas d'anathême pour les personnes.

» Prouver aux Républicains qu'une Monarchie bien
» constituée peut supporter autant de liberté qu'une
» République, prouver aux Absolutistes que l'ordre
» est plus stable et plus ferme avec la liberté consti-
» tutionnelle qu'avec le pouvoir absolu, voilà quel
» est à mon sens la tâche, le devoir des hommes qui
» désirent ramener en France l'ordre et la sécurité. »

M. Pagès termine en disant :

« Un Ministère qui par ses paroles et par ses actes
» tendrait à ce but avec constance et loyauté, parvien-
» drait bientôt à conquérir tous les hommes de bonne
» foi. Sans doute il resterait quelques esprits systé-
» matiques, et le champ des théories est assez vaste
» pour qu'ils puissent y vivre en paix, quelques ambi-
» tions insatiables, parcequ'elles sont démesurées, et
» leur nombre inaperçu serait plutôt un objet de
» curiosité que de crainte. etc. etc. »

Il est évident que dans un pays où les oppositions
font entendre un si noble langage, l'esprit révolu-
tionaire est usé. Vouloir le ranimer serait chose vaine.
Les tempêtes soulevées n'agiteraient la société qu'à
sa surface. *Malheur aux ambitions impies* qui le
tenteraient, et qui esséraient de *semer* de nouveau
*la discorde parmi les Français. Le pays en aurait
bientôt fait justice.